Les 50 règles d'or des

relations parents-ados

Direction de la publication : Isabelle Jeuge-Maynart et Ghislaine Stora

Direction éditoriale : Agnès Busière

Édition : Nathalie Cornellana

Relecture-corrections : Maud Rogers

Mise en page : Les PAOistes

Couverture : Anna Bardon

Fabrication : Geneviève Wittmann

Toutes les illustrations (p. 21, 29, 48, 51, 53, 61, 75, 83, 84 et les gardes) sont de © Shutterstock.

ISBN 978-2-03-594477-1

Les 50 règles d'or des

relations parents-ados

Christiane de Beaurepaire

LAROUSSE

21 rue du Montparnasse 75283 Paris Cedex 06

Sommaire

[9]

RÈGLE 1

L'aimer et savoir le lui montrer

Aimer son adolescent, c'est accepter celui qui prend soudain la place de l'enfant familier : un « inconnu » surprenant, déroutant, parfois inquiétant. Aimer cet inconnu, c'est le découvrir peu à peu et s'ajuster à ses besoins actuels, en restant vigilant et bienveillant.

TOUT CHANGE TRÈS VITE

Ce passage de l'enfant à l'adolescent implique des **changements multiples,** qui s'expriment de toutes les manières : par le corps, le comportement, les émotions, les rythmes, le discours, les intérêts et les relations. L'adolescent n'est pas encore un adulte, il apprend seulement à le devenir. Il cherche, tâtonne, essaie, s'exerce, s'expose, dérape, parfois, tout en se refusant à la moindre idée de dépendance. Cette situation, qui témoigne aussi de **sa grande vulnérabilité,** est source de conflits, d'oppositions, de malentendus et de provocations.

COMMENT TÉMOIGNER SON AMOUR À SON ADOLESCENT ?

Il vous faut l'accompagner et vous placer toujours à la « **bonne distance** », modulable selon la situation, mais aussi vous adapter tout en demeurant, quoiqu'il arrive, son parent.

Cet exercice difficile confronte également les parents à un paradoxe :

• **Changer de point de vue, accorder plus d'espace** à l'adolescent est l'un des piliers de cet amour : c'est faire acte de respect et de reconnaissance pour sa personne, indiquer qu' « on l'a compris », mais aussi témoigner d'un intérêt curieux, tendre et parfois admiratif qui le rassure et le valorise.

• **Demeurer attentif et protecteur** en est l'autre pilier : c'est veiller à son bien-être, sa santé, ses besoins essentiels et ses besoins nouveaux ; c'est être là s'il s'effondre, se perd, se blesse ou se met en danger. C'est encore rester présent lorsqu'il s'oppose violemment et, enfin, le guider vers ses succès et son épanouissement.

Est-ce bien lui ?
Le découvrir

Difficile parfois de le reconnaître au retour de ses vacances : « Je vais être obligée de monter sur un tabouret pour t'embrasser ! », « Qui est ce jeune homme avec une moustache ? », « Qui donc me dit "maman" avec cette voix ? » Étonnement, déception, curiosité, timidité, inquiétude, émotions se mêlent chez ses parents. Mais lui, que ressent-il ?

COMMENT VIT-IL
SA NOUVELLE APPARENCE ?

Il éprouve aussi des émotions mêlées : ses vêtements ont « rétréci », ses jambes se couvrent de poils, sa voix lui échappe, il a des boutons, il se trouve laid, il a un peu honte. **Il redoute le regard de ses parents et de ses proches**, autrement dit de tous ceux qui l'ont connu « avant ». Il se sent presque coupable de les avoir ainsi privés de leur enfant, et voudrait en même temps qu'ils soient **fiers de lui**. Mais il sait aussi que c'est « normal ».

Certains copains sont encore petits et enfantins, il n'aimerait vraiment pas être à leur place ; alors il est assez content au fond de lui.

QU'EST-CE QUE CELA RENVOIE AUX PARENTS ?

Les parents savent bien que tout cela arrive forcément un jour. C'est arrivé et… c'est une bonne chose. Mais, l'évidence admise, **l'inquiétude surgit** : grandit-il trop vite ? Mange-t-il assez ou trop ? N'est-il pas trop maigre ? Et s'il faisait plus de sport ? Et, sans doute, d'autres pensées plus intimes concernant la sexualité de leur enfant surviennent : « Il faudrait que son père voie ça avec lui », « Je me demande si tout est normal de ce "côté-là" », « Je me demande comment il prend ça », « ça » restant vague et confus.

La sexualité de l'enfant renvoie les parents à la leur et à leur propre adolescence. Ils peuvent se sentir « découverts », éprouver un sentiment de gêne. Désormais, leur enfant est bien un être sexué, tout comme eux, et cet avènement va modifier les relations intrafamiliales.

Est-ce encore « ma petite fille » ?

Elle a beaucoup grandi ces derniers mois. Très pudique, elle s'enferme dans sa chambre et la salle de bains. Elle a ressorti des poupées et des peluches, elle traîne au lit. Et puis, un jour, elle annonce à sa mère : « Ça y est, je les ai ! »

LA PUBERTÉ, CHOC OU FIERTÉ ?

Les enfants sont avertis assez tôt de la venue de leur puberté par l'école et leurs parents. Cependant, l'expérience vécue est autre chose. Pour une fille, saigner est angoissant, mais saigner sexuellement est plus compliqué encore. Comment vit-elle cette première fois ?

• **Honteuse**, elle se cache : « Pourvu que ça ne se voie pas, que ça ne "traverse" pas ! Comment mettre une protection ? et la changer ? et la nuit ? C'est dégoûtant ! Je ne peux plus aller à la gym ni à la piscine, avec ça. » C'est un choc, elle voudrait que ça n'arrive plus jamais.

• **Fièrement**, elle l'annonce à son père et à toute la famille : « Je suis une femme maintenant, je peux même avoir des enfants ! » Elle vit joyeusement l'événement qui vient de signer sa féminité.

LES PARENTS

Il revient à la mère d'assurer le confort de sa fille. **Confiance, tendresse et respect** permettent d'échanger intimement et de veiller au bon déroulement de cette nouvelle étape.

L'événement a un **impact sur les représentations psychiques de l'enfant et de ses parents** : pour sa mère, des flash-back et un nouveau regard sur celle qui l'a rejointe dans la communauté des femmes ; pour son père, une certaine gêne, son enfant-fille est désormais « sexuée », il va devoir apprivoiser cette réalité.

COMMENT RÉAGIR ?

Il faut **rassurer sa fille** et **l'encourager**, lui procurer tous les objets de son bien-être et de son autonomie. Attention à ne pas banaliser ni ignorer les changements de regard et les émotions de chacun.

Il dévore,
elle chipote...

Comment s'alimentent les adolescents ? À table, comme « avant » ? entre les repas ? dans leur chambre ? Qu'aiment-ils ? En quelle quantité ?

LES REPAS

Le rituel des repas du soir et du week-end en famille n'est plus aussi strict à cause des horaires de chacun, de la télévision et de l'addiction aux écrans. Le contenu du réfrigérateur peut donner des indications sur les préférences alimentaires des uns et des autres ainsi que sur les quantités absorbées :

• **L'adolescent** dévore, n'est jamais rassasié, aime ce qui est le plus nourrissant, en reprend, en redemande, fait des provisions dans sa chambre, laisse traîner les emballages, les pots et les bouteilles vides.

• **L'adolescente** aide parfois sa mère à préparer un repas, déclare faire un « régime » tout en grignotant, donne des conseils diététiques et s'empiffre lorsque personne ne regarde, laisse aussi traîner bouteilles de soda et boîtes de sucreries vides.

ALIMENTATION, POIDS ET SANTÉ

Les modalités alimentaires des adolescents sont liées à leur **croissance,** leur **goût pour de nouvelles expériences gustatives** et leur **besoin d'autonomie.** Les garçons ont peu de risque de prendre du poids. Plutôt maigres, ils ont perdu leurs «réserves» pondérales, généralement acquises vers 9/10 ans. Les filles sont gourmandes et cuisinent volontiers, elles ne sont pas moins affamées que les garçons. Mais elles veillent sur leur poids.

QUEL RÔLE POUR LES PARENTS ?

Les parents, bien conscients des besoins nutritionnels des adolescents, doivent veiller à la nature de leur alimentation et à d'éventuels dérapages, sources de déséquilibre nutritionnel. C'est à cet âge que se déclarent les troubles du comportement alimentaire (voir règle 47, p. 84).

Quand dorment les adolescents ?

Ils se couchent de plus en plus tard, ont du mal à se lever et dorment le week-end jusqu'à midi !

UNE ÉVOLUTION NATURELLE

Le sommeil évolue lui aussi durant l'adolescence. Ce processus est naturel, mais une quantité suffisante de sommeil demeure essentielle. On sait que **le rythme veille-sommeil des adolescents tend à se décaler de plusieurs heures**, le sommeil du matin devenant quasi physiologique. Il y a enfin l'impact des nouveaux intérêts et des nouvelles technologies...

COMMENT RÉAGIR ?

Expliquez à votre enfant **les ravages d'un manque de sommeil** sur sa scolarité, son comportement et sa santé. Établissez ensemble un programme de récupération de sommeil sur la semaine. En dernier recours, retirez le téléphone et les écrans.

Une douche tous les jours !

À l'adolescence, il devient difficile d'intervenir dans le domaine privé de la toilette au risque de faire intrusion dans l'intimité du jeune.

LA TOILETTE

La toilette des adolescents évolue elle aussi. Elle tend à devenir rudimentaire, surtout chez les garçons ; quant aux adolescentes, elles semblent plus concernées par le maquillage que par une toilette complète. Pour tous, **l'apparence prime sur la propreté**, comme le visage sur le corps.

COMMENT INTERVENIR ?

L'adolescent est « gêné » par ses changements physiques et « encombré » par son corps. Il faut lui expliquer qu'**hygiène et propreté contribuent à sa santé** mais aussi à l'esthétique de son apparence. De même, il faut **rester ferme** sur le principe d'une douche quotidienne.

Surveiller sa santé

L'adolescence connaît des problèmes spécifiques de santé qui nécessitent au moins une surveillance, un suivi médical au plus.

QUELS SONT CES PROBLÈMES ?

À l'adolescence, le système hormonal active non seulement les manifestations sexuelles de la puberté mais aussi la croissance osseuse, musculaire et globale, qui ne se développe pas toujours de la manière attendue. Cela peut donc nécessiter un avis médical et un traitement.

• **L'acné juvénile** peut laisser des cicatrices. Il existe désormais des traitements simples pour la traiter, il ne faut pas hésiter à consulter son médecin généraliste ou un dermatologue.

• **Une mauvaise implantation dentaire** requiert un traitement orthodontique (appareil, bagues…) qui contribue à l'esthétique ainsi qu'à la prévention des caries et des usures dentaires au cours de la vie.

• **Les retards de puberté et les pubertés précoces** qui bloquent la croissance doivent faire l'objet de consultations spécialisées. Il en est de même pour **les croissances trop rapides** qui engendrent des troubles de la statique vertébrale et **des prises de poids** trop importantes.

• Enfin, **la vue** doit être surveillée.

COMMENT L'ADOLESCENT VIT-IL CES PROBLÈMES ?

Qu'il s'agisse d'acné, de retard ou d'avance de puberté, de sa croissance ou de son poids, il le vit mal. Ces atteintes à sa personne perturbent l'image qu'il a de lui-même et ses relations, elles le font souffrir.

COMMENT L'AIDER ?

En étant vigilant, en consultant si besoin et en veillant au suivi d'un éventuel traitement. Il est difficile d'aborder ces problèmes, car les adolescents sont des « écorchés vifs » : toute atteinte à leur corps est dangereuse. Il faut **procéder avec tact, patience et douceur** pour qu'ils adhèrent à l'intervention médicale et en comprennent l'intérêt.

Les portes claquent !

Les adolescents, facilement contrariés, le font savoir de manière bruyante et explosive, laissant leurs parents entre colère, impuissance et résignation.

POURQUOI, PAR EXEMPLE ?

• Elle ne trouve pas le pantalon qu'elle voulait porter ce matin : elle s'énerve, hurle et claque la porte de sa chambre, clamant qu'elle n'ira pas au collège.

• Le paquet de céréales au chocolat est vide, traînant sur la table du petit-déjeuner alors qu'il vient enfin de sortir de son lit : furieux, il se lève brusquement, renverse son bol et sa chaise, accuse tout un chacun, insulte sa famille et promet qu'il ne remettra plus les pieds ici.

• La sortie du samedi avec les copains est annulée : il explose, s'enferme dans sa chambre ou sort précipitamment de la maison, annonçant qu'il met fin à toute relation avec autrui.

QUE SIGNIFIENT CES EXPLOSIONS ?

Il s'agit d'éprouvé de perte, d'atteinte à sa personne, de blessure et de l'échec d'un projet :

• La disparition du pantalon « essentiel à son image » est vécue comme **une spoliation** et **un dommage**.

• Les céréales du petit-déjeuner étaient la récompense d'un lever difficile. Le paquet vide indique qu'**on l'a oublié**, qu'**on a eu l'intention de le léser** et qu'il est donc indésirable, mauvais ou peu de chose.

• L'annulation de la sortie paraît **arbitraire**, quelles que soient les raisons du changement de programme.

POURQUOI DE TELLES RÉACTIONS ?

Ces objets ou événements attendus avaient valeur de remède. Leur absence est vécue comme une situation arbitraire ou une spoliation. La colère en est la rançon. Elle s'atténuera lorsque l'adolescent sera en mesure de supporter ces manques et blessures, autrement dit quand il sera plus fort et plus sûr de lui. Pour l'instant, on ne peut qu'ignorer ses colères, elles passeront d'elles-mêmes.

Défense d'entrer !

Un beau jour, l'enfant devenu grand s'enferme dans sa chambre et se met en colère si quiconque s'avise d'ouvrir la porte sans frapper.

COMMENT L'INTERPRÉTER ?

À l'adolescence, la chambre devient une propriété privée, à l'abri d'un regard inquisiteur, d'une demande intempestive ou d'une surveillance anxieuse. Son effraction est en réalité **la violation de l'espace propre de l'enfant**, véritable prolongement de lui-même. On peut alors concevoir qu'elle soit mal supportée et déclenche une vive réaction.

PEUT-ON TOUT DE MÊME ENTRER ?

Les parents ne voient souvent dans ce comportement qu'un signe d'hostilité ou de rejet à leur égard. Ils s'interrogent et s'inquiètent. **La chambre doit être respectée, comme tout ce qui appartient à l'adolescent.** En pratique, il faut toujours frapper, attendre son autorisation avant d'entrer et demander son accord pour toute intervention nécessaire en son absence.

Carnaval ou Mardi Gras ?

Les choix vestimentaires des adolescents sont rarement bien acceptés par leurs parents. Ils dépendent de « codes » en vigueur et déterminent des looks conformes à l'image qu'ils souhaitent imposer.

POURQUOI CES CHOIX ?

• Ils témoignent du besoin des adolescents de **rompre avec l'enfant qu'ils ne sont plus** et de leur **désir d'autonomie** vis-à-vis de leurs parents. Ils cherchent à se fonder une identité propre, au risque de la provocation.

• Ils indiquent également l'intérêt d'**appartenir à une communauté** : le look fait partie d'une mise en scène nécessaire, le groupe a une fonction protectrice au cours de cette étape transitoire mais nécessaire. **Patience et tolérance** parentales sont donc les bienvenues, sans omettre pour autant une **vigilance attentive**.

Ce n'est pas grave !

Les émotions des adolescents, entre crises de larmes, sanglots et colères, surprennent et semblent parfois démesurées et/ou inappropriées.

LES CIRCONSTANCES

Votre fille fond en larmes devant un film, incapable d'expliquer les raisons de son désespoir... Votre fils, resté sur le banc de touche lors du match de foot, rentre à la maison et s'enferme dans sa chambre, puis en sort furieux. Un camarade d'école a été puni, votre ado revient à la maison très en colère contre le collège, le professeur, mais aussi votre calme.

COMMENT INTERPRÉTER CES RÉACTIONS ?

Elles témoignent **d'une désorganisation affective et d'une vulnérabilité** propres à l'adolescence, liées à **un effacement des limites identitaires** de l'enfant. C'est comme s'il devenait perméable à autrui et/ou à chaque situation, incapable de distinguer ce qui lui est propre. L'envahissement émotionnel prime sur la raison et l'instant. Après coup, il peut être utile de l'aider à décrire ce qui l'a tant ému.

Les voisins vont sonner !

Colères et violences verbales, souvent dirigées contre les parents, sont fréquentes à l'adolescence.

QUE SE PASSE-T-IL ?

Hurlements, injures et insultes retentissent brusquement pour des « riens » : refus d'aider, préparer un contrôle, prendre des nouvelles des grands-parents... Refus d'« obtempérer » à toute demande parentale.

COMMENT L'INTERPRÉTER ?

La demande est vécue comme un « **abus de pouvoir** » arbitraire et humiliant. Le malentendu est total entre les éprouvés des parents et des adolescents.

COMMENT S'Y PRENDRE ?

Il faut reconnaître à l'adolescent **un pouvoir personnel de décision** en formulant autrement la demande, non pas comme un ordre mais comme **une proposition**.

Je ne l'ai pas vu(e) de la journée !

Parmi ses comportements parfois inquiétants, l'adolescent peut aussi « disparaître ». Il ne s'agit pas d'une fugue, mais d'un séjour prolongé dans sa chambre.

QUELLE EST LA SITUATION ?

Un jour de congé, l'adolescent dort dans sa chambre close. L'après-midi, rien ne bouge. Ses parents, vaguement inquiets, frappent à la porte et appellent. Il finit par répondre avec un certain agacement : « Tout va bien, j'écoute de la musique et me repose. »

QUE PENSER DE CE COMPORTEMENT ?

Il a besoin **d'être seul** et n'a pas envie de parler, ou bien veut **se retrouver** avec sa musique, son portable et les réseaux sociaux. Les rituels familiaux l'insupportent, de même que les probables questions qui lui seront posées sur sa santé, son humeur, ses problèmes éventuels…

EST-CE INQUIÉTANT ?

L'évitement met **une distance défensive** contre la dépendance dont il veut justement sortir. Il faut comprendre son désir, mais ne pas prolonger son retrait pour autant, le confinant entre imaginaire et activité virtuelle. Le « retour en famille » se fera facilement avec un mot gentil, la promesse d'un agréable repas et, surtout, aucune question.

Passions et lubies

L'adolescence est l'âge des sentiments « extrêmes » et des engagements « absolus » sans critique ni concession qui peuvent inquiéter l'entourage.

COMMENT SE MANIFESTENT-ELLES ?

• Cela se traduit par **des passions exclusives** pour des personnes, des activités, des mouvements idéologiques, religieux ou mystiques qui ont pour caractère commun d'occuper entièrement l'adolescent. Filles et garçons deviennent les groupies de stars dont les photos décorent leur chambre. Ils cherchent à ressembler à leurs idoles, empruntant leur look vestimentaire ; sont incollables sur leur vie privée et professionnelle ; partagent leur passion sur les réseaux sociaux.

• Les **lubies** concernent plutôt **des activités urgentes** ou **des projets considérés comme inhabituels**, voire **farfelus** par l'entourage. L'adolescent s'y adonne et s'y consacre entièrement, par exemple : passion pour les serpents, le débarquement...

QUE PENSER DE CES COMPORTEMENTS ?

La désorganisation psychique des adolescents est associée à leur **besoin fondamental de se former une identité** qui les protège et leur permette d'affronter le monde, les relations avec autrui et l'avenir. Passions et lubies sont un moyen de satisfaire ce besoin grâce à une « mise en scène » qui prend la forme d'essais et d'expérimentations temporaires.

FAUT-IL RÉAGIR ?

Il faut être bienveillant avec les extravagances passionnées des adolescents, passage obligé vers une identité stabilisée. Comme les jeunes enfants, ils apprennent par étapes et essais, puis se stabilisent quand ils ont trouvé ce qui constitue la meilleure réponse à leurs désirs et présente la meilleure concordance avec leur histoire singulière et leurs valeurs. Lorsqu'elles sont trop invasives, sectaires ou mystiques, certaines passions sont préoccupantes et requièrent alors une intervention parentale voire spécialisée.

À proscrire

Les parents, redoutant le pire, vont devoir prendre du recul durant la « crise d'adolescence », et ne pas condamner.

Il vous faudra proscrire :
- **Ingérence, intrusion et inquisition :** « Qu'est-ce que tu es en train de faire ? », « C'est quoi cette odeur dans ta chambre ? », « Tu sais ce que j'ai trouvé sous ton lit ? »
- **Méfiance :** « Qui a fouillé dans mes affaires ? », « Tu ne me caches rien ? », « Je vais vérifier ! », « J'aimerais mieux que tu me le dises ! »
- **Autoritarisme :** « Montre-moi immédiatement tes notes ! », « Interdiction de le (la) revoir ! », « À partir de maintenant, privé(e) de téléphone ! »
- **Mépris :** « Ça ne m'intéresse pas du tout », « C'est nul, tu es bien mal parti(e)… ! », « On n'a vraiment rien en commun… ! », « Tu ressembles à rien ! »
- **Les gestes violents :** gifle, saisie et/ou destruction de leurs affaires.

À privilégier

L'adolescence rebat les cartes des relations. Tout change pour les jeunes en quête d'autonomie, d'expériences et de nouveautés : valeurs, image de soi et des parents, de la famille et du monde, primauté des amis… Dès lors, c'est aux parents de modifier leur position en prenant du recul, sans condamner ni rejeter, en restant vigilants et postés en recours éventuel.

Il vous faudra privilégier :
• **Respect**, quoi qu'il arrive : en trouvant la bonne distance, en différant une réaction potentiellement impulsive, en évitant de causer blessures d'amour-propre et humiliations.
• **Curiosité** : le manifester envers ses goûts, ses passions, ce qui l'enthousiasme.
• **Intérêt** pour ses besoins et **enthousiasme** pour ses succès.
• **Humour** pour dédramatiser et trouver un terrain d'entente.
• **Choix du bon moment** pour débriefer et expliquer.

Je ne m'entends pas avec mon père

Des tensions particulières surviennent entre l'adolescent et l'un de ses parents, souvent son père. Chacun campe sur ses positions et des malentendus s'installent. La situation varie selon qu'il s'agit d'une fille ou d'un garçon. Comment résoudre le conflit ?

DU CÔTÉ DES ADOLESCENTS

• Les filles se plaignent de l'autoritarisme paternel et des réflexions blessantes, parfois « sexistes », concernant leurs vêtements, leur aspect physique et leur allure. Elles dénoncent l'absence de dialogue et affichent un certain mépris à l'égard de leur père, qu'elles peuvent décrire comme « incapable » ou « mauvais ». Reprenant à leur compte les possibles conflits du couple parental, elles accusent leur père d'en être l'origine.

• Les garçons se plaignent de la distance qui se creuse avec leur père et de ses explosions verbales, qu'il a du mal à contrôler. Ils invoquent le rôle de leur mère, qui s'interpose entre eux.

DU CÔTÉ DU PÈRE

Le père peine à accepter **la maturation affective et sexuelle** ainsi que **les manifestations d'indépendance** de sa fille ou son fils ; il tend spontanément à les freiner en les ignorant, en les condamnant ou en s'éloignant. Il craint tout à la fois de perdre son enfant, sa fonction et son statut de père, mais aussi d'être dépassé et déçu par la nouvelle identité de l'adolescent.

COMMENT SORTIR DU CONFLIT ?

L'adolescence ne « prend » rien au père. Les filles expérimentent leur féminité et les fils leur virilité. C'est **un nouveau chapitre** à aborder avec intérêt, curiosité, générosité et créativité.
Il faut quitter le registre des blessures et des humiliations, accompagner l'enfant solidement, **être à la bonne place** tout en lui garantissant sécurité et soutien.

Ma mère
ne m'aime pas

Filles et garçons se disent parfois mal aimés par leur mère au cours de leur adolescence. Éprouvé douloureux ou mal-être né de conflits relationnels attribués à la mère? Quelle est alors la part de celle-ci ?

L'ÉPROUVÉ DES ADOLESCENTS

« Ma mère ne s'intéresse pas à moi », « Elle n'est jamais contente, elle me critique, elle parle mal de moi », « Elle dit que je la déçois, que je suis moche, que je ne comprends rien », « Elle préfère ma sœur aînée, elles se parlent sans arrêt et elle embrasse tout le temps mon petit frère », « Elle se demande d'où je sors, je n'ai rien hérité d'elle, je ressemble à la famille de mon père dont je suis le portrait craché ! »...

ET L'ÉPROUVÉ DE LA MÈRE ?

« C'est très difficile avec elle en ce moment », « Elle n'est jamais contente, elle boude sans arrêt », « Lui, je ne le vois pas, il est tout le temps dans sa chambre ou avec ses copains », « Impossible de lui demander quoi que ce soit, une course, la vaisselle », « J'évite les discussions, je pense quelquefois qu'on n'a rien à se dire », « Je regrette vraiment qu'il ait grandi, vivement que ça passe ! »

COMMENT RENOUER ?

Les conflits œdipiens se rejouent à l'adolescence : rivalité de la fille à l'égard de sa mère, **intimité** entre mère et fils. À cet âge, les filles projettent leur propre jalousie sur leur mère, l'accusent et la punissent. Les garçons tentent de se libérer de son emprise en l'évitant.

Face à la jeune fille hostile et au jeune homme fuyant, les mères se sentent dépossédées. Pour lever le malentendu, **il faut s'affirmer** non pas comme une rivale ou une amoureuse, mais comme une mère foncièrement fière de son enfant : toujours à l'écoute de son bien-être, de sa sécurité et de ses prouesses, prête à l'épauler et le soutenir.

Ma sœur est jalouse

La rivalité, propre aux relations fraternelles, peut provoquer des manifestations de jalousie et des éprouvés douloureux compliqués à gérer pour les proches. Lors de la petite enfance, elle est atténuée par la complicité et contrôlée par les parents. À l'adolescence, elle pèse sur la quête identitaire des jeunes, les inhibant ou, au contraire, les exposant.

COMMENT LA JALOUSIE S'EXPRIME-T-ELLE ?

Quel que soit le sexe, la jalousie porte sur les « dons » attribués à l'un – beauté, intelligence, réussite scolaire, séduction –, véritables « atouts narcissiques » enviés par l'autre. Il peut aussi s'agir de « dons d'amour » issus des parents, perçus comme une préférence injuste.

QUELLES CONSÉQUENCES ?

La jalousie fraternelle peut induire deux types de réactions :

• « **Stimulante** » pour le « jalousé », qui voit son estime de soi confortée, tendant à la supériorité, la condescendance humiliante et la toute-puissance. Il en est de même pour le « jaloux », qui va enchaîner les challenges et les défis, quitte à se mettre en danger.

• « **Inhibante** » pour le « jaloux » qui souffre et se place en retrait, tout comme pour le « jalousé » qui peut développer des sentiments d'empathie et de culpabilité ou un souci de protection susceptibles de freiner sa propre dynamique scolaire, sociale, sentimentale et sexuelle.

COMMENT LES AIDER ?

Les parents ont un rôle à jouer :

• **prendre conscience de la situation**, être attentifs à ses conséquences ;

• **rassurer le « jaloux »** sur ses compétences et leur amour ;

• **aider le « jalousé »** à se mettre à distance du conflit et le persuader que c'est bien à eux qu'il incombe d'apaiser le « jaloux ».

Il ne faut ni prendre parti, ni créer d'alliance, et rester au ras des besoins spécifiques de chacun des enfants. Mais, en cas d'échec, une aide psychologique est la bienvenue.

Je ne supporte plus mes parents

C'est une phrase que les adolescents déclarent souvent. Peuvent-ils passer à l'acte, quitter leur famille, fuguer et se mettre en danger ? Comment aider les uns et les autres ?

QUE DISENT LES ADOLESCENTS ?

« Je vous déteste ! », « Vous me faites pitié ! », « J'étouffe, ici ! », « Je vais me tirer ! »... Ces déclarations teintées de mépris expriment une forte opposition, un rejet et une condamnation. Elles sont aussi l'expression d'un puissant désir de reconnaissance et d'émancipation qui, dans la vie quotidienne, s'incarne par les horaires, les sorties, les amis et... l'argent de poche.

DÉSIR SINCÈRE DE RUPTURE ?

Oui et non : il y a une **rupture « intime »** concernant leur statut d'enfant, l'autorité, l'emprise et le modèle parental ainsi qu'un profond **désir d'indé-**

pendance et de reconnaissance identitaire. Mais les liens affectifs sont maintenus.

COMMENT LES PARENTS LE VIVENT-ILS ?

Plus ou moins bien, ou mal. Le ton et la violence des mots les blessent, les inquiètent, mais les interpellent, aussi. Sont-ils réellement les «tortionnaires incapables», les «tyrans arbitraires» et les «minables irresponsables» décrits par leurs adolescents ? Faut-il faire un «examen de conscience», s'interroger sur la signification et la légitimité du discours des enfants et sa propre responsabilité ?

COMMENT AIDER LES ADOLESCENTS ?

Deux points sont importants :
• reconnaître et respecter leur désir d'autonomie ;
• les aimer quoiqu'il arrive.
En pratique, **il est bon de débattre avec eux** de tout ce qui pose problème, sans prise de décision unilatérale ; régler ensemble la question des horaires et des sorties ; fixer le montant de l'argent de poche selon un budget hebdomadaire ou mensuel établi en commun ; prévoir éventuellement l'attribution d'une carte bancaire adaptée et personnelle.

Je ne m'entends pas avec la femme de mon père

Lorsque les parents se séparent et fondent une nouvelle famille, leurs premiers enfants passent alors une bonne partie de leur vie avec les nouveaux conjoints, ce qui n'est facile ni pour eux ni pour les adultes.

DE QUOI LES ADOLESCENTS SE PLAIGNENT-ILS ?

En premier lieu, de mauvais rapports avec le nouveau conjoint, souvent leur belle-mère, mais aussi, parfois, avec leur parent. Ils ne trouvent pas leur place et se sentent « de trop », surtout si des enfants plus jeunes occupent également le foyer.

COMMENT LE CONFLIT SE NOUE-T-IL ?

Des non-dits infiltrent les relations familiales depuis la séparation des parents : ils ont induit souffrance, conflit de loyauté, sourde revendication, sentiment d'abandon et d'injustice chez l'adolescent, crises, haine et culpabilité chez ses parents.

La nouvelle compagne peut alors constituer pour les adolescents une parfaite coupable, un « **bouc-émissaire** », ce qui atténue immédiatement le conflit de loyauté et la responsabilité paternelle, mais rend sous peu la situation intenable pour le couple.

QUEL RÔLE POUR LES PARENTS ?

• Assurer d'abord et toujours l'adolescent de leur amour.

• **Avant la séparation :** informer, ensemble si possible, l'enfant de sa survenue inéluctable, en expliquer simplement les raisons, éviter les crises et les scènes en sa présence, ne jamais le placer en juge, rester simple, direct, attentif et proche.

• **Dans la nouvelle situation :** veiller à ce que chacun **trouve sa place légitime** et que tous respectent scrupuleusement cette disposition. C'est la condition *sine qua non* pour que l'adolescent se sente chez lui et apprenne à aimer la nouvelle compagne de son père sans trahir sa propre mère.

Je ne veux plus vivre avec ma mère

Le divorce pèse sur la crise d'adolescence et vient troubler le processus d'identification et de choix identitaire. À l'âge où se réactivent les pulsions œdipiennes de la petite enfance et se forge l'identité sexuelle, la séparation des parents éloigne les enfants peu ou prou de l'un d'eux.

COMMENT LES ADOLESCENTS S'ADAPTENT-ILS ?

Ils veulent **expliquer la rupture** et **portent un jugement** sur leurs parents, s'alliant, dans leur for intérieur, à l'un ou à l'autre.

Ils peuvent aussi **rester à l'écart de l'événement** pour moins en souffrir et ne pas avoir à choisir ni juger. Ils se privent alors de l'intimité et de la confiance habituelle des échanges, et sont projetés trop tôt dans **une autonomie subie plutôt que conquise.**

POURQUOI L'ADOLESCENT DÉCIDE-T-IL
DE QUITTER L'UN DE SES PARENTS ?

La vie à ses côtés lui est devenue insupportable : implication conflictuelle trop forte ou distance défensive trop frustrante, échanges verbaux, parfois physiques, agressifs et violents voient le jour. Cela s'explique aussi par **des raisons d'identification sexuelle :** pour un garçon, le « huis clos » avec sa mère le met en danger, bloquant ou détournant sa propre quête d'autonomie sexuelle. Pour une fille, l'agressivité et la revendication dominent contre la mère accusée de ne pas avoir su retenir son père, l'en privant ainsi.

COMMENT NÉGOCIER LA SITUATION ?

Les adolescents remettent en jeu la décision légale de garde et décident d'aller vivre chez leur père. Ils y retrouvent souvent les conflits de loyauté et la frustration affective qu'ils fuyaient, *a fortiori* s'il a refait sa vie. Lorsque la tension devient trop forte, **une thérapie familiale et un soutien psychologique** pour l'adolescent et ses parents peuvent être alors très utiles.

Je veux vivre ailleurs !

Pour l'adolescent, c'est l'expression maximale de sa « crise » : quitter sa famille pour s'affranchir de l'autorité et du cadre incompatibles avec son désir de changement ou pour rejoindre un environnement conforme à ses valeurs nouvelles.

QUE TRADUIT EXACTEMENT CE DÉSIR ?

C'est la seule réaction qui lui semble répondre à **son profond et légitime désir d'autonomie** et à **l'obstacle parental**. Mais c'est sans doute le désordre psychique propre à la « crise » qui ne lui permet pas de l'exprimer autrement.

Il faut cependant s'assurer de la nature de la situation : une mésentente des parents divorcés, de graves dysfonctionnements familiaux, des négligences ou des violences à son encontre légitiment son désir de quitter le domicile familial. Cela relève alors d'une approche socio-judiciaire.

QUE FAIRE DE CE DÉSIR ?

L'entendre, ne jamais le banaliser et s'interroger :
« Que veut fuir mon adolescent ? », « Qu'est-ce que
je suis ou représente pour lui : autorité, emprise
et principes ? », « Qu'est-ce que je fais ou ne fais
pas pour lui, me trompant ainsi ? », « Est-ce que
je le blesse ou l'humilie par mes paroles ou mes
injonctions, pensant le confronter à la réalité
– la mienne –, alors qu'il attend que je le rassure
avec des compliments, des encouragements et
une attention particulière ? »

COMMENT L'AIDER ?

• Si la communication est bloquée ou trop mauvaise pour lui démontrer votre attention et votre
compréhension, **un avis psychologique**, voire **une
psychothérapie personnelle ou familiale**, s'avère
nécessaire.

• Si la situation familiale est trop perturbée, exposant la sécurité de votre adolescent et la vôtre, il
faut alors se tourner vers **des structures socio-
éducatives et socio-judiciaires**, ce qui n'exclut pas
une aide psychologique.

Les amis d'abord !

Pour la plupart des adolescents, les « amis » – en écho à Facebook – sont une part prioritaire de leur vie. Les parents, relégués à la seconde place, se sentent parfois débordés, voire inquiets.

L'ENTRÉE EN SCÈNE DES AMIS

Au collège, les relations se multiplient : amis de cœur, très proches et changeants, amis des amis et futurs amis, on dort chez les uns et les autres, on se donne rendez-vous, on circule loin de la maison, on devient mystérieux... Difficile d'apprendre le nom des « amis », d'accéder aux horaires et aux activités, de définir la nature des relations qui naissent, se diffusent et s'amplifient *via* les réseaux sociaux.

POURQUOI SONT-ILS SI IMPORTANTS ?

Les adolescents s'ouvrent au monde, ils élargissent leur domaine, se mesurent aux autres et découvrent les **codes de la vie sociale**. Ils expérimentent la nouveauté et l'apprentissage des liens et des rôles sociaux. Les amis partagent la même dynamique et les mêmes émotions, leur communauté offre réconfort et protection aux adolescents pressés de s'éloigner de leurs parents.

QUEL RÔLE POUR LES PARENTS ?

Le désir d'émancipation de leurs adolescents doit les réjouir. Il faut **respecter** leur quête d'indépendance et d'autonomie, de même que le choix de leurs « amis ». Seule l'expérience vécue permet la connaissance des règles et des codes en vigueur hors de leur famille et leur permet de découvrir ce qu'ils aiment.

Toutefois, les adolescents n'étant pas encore en mesure de bien discerner le danger, ces expériences ne sont pas sans risques. Des dérapages possibles, parfois graves, justifient que les parents se placent en **recours éventuel et demeurent constamment vigilants** (voir règle 26 p. 52 et p. 88 à 91).

Facebook et les réseaux sociaux

Les premiers utilisateurs des réseaux sociaux sont bien les adolescents, qui maîtrisent parfaitement ces nouvelles technologies. Mais en sont-ils les maîtres ou les esclaves ?

LES ADOLESCENTS ET LEUR PORTABLE

Il faut un smartphone, si possible « haut de gamme », avec de multiples applications pour communiquer facilement, échanger photos, vidéos et textes, converser oralement et de visu avec ses proches et le monde entier. Aucun adolescent ne se sépare de son portable, que ce soit dans l'espace public, sa chambre, son lit ou au collège ; plus qu'une addiction, c'est **une extension naturelle de sa personne.**

DES RISQUES À PRENDRE EN COMPTE

Le portable ouvre un monde virtuel aux jeunes, mais ils se l'approprient avec ses corollaires, qui ne sont pas sans risques :

• adhésion aux informations **sans critique ni débat**,
• oubli du **caractère virtuel** des informations et des relations,
• **confusion** entre réalité et virtualité/imaginaire,
• **dépendance**,
• **mauvaises rencontres** (voir règles 49 et 50 p. 86 à 89).

LE RÔLE DES PARENTS

La quête de découverte et d'autonomie des adolescents est donc facilitée par les réseaux sociaux, mais ceux-ci les exposent à bien des dangers. Les parents, eux-mêmes utilisateurs, sont généralement impuissants et ne savent comment fixer des règles.

Ils doivent impérativement échanger avec leurs enfants, avec calme et pédagogie, sur **les limites de la toile, ses imprécisions** et **ses pièges**.

En cas de nécessité, de mise en danger de l'adolescent, il peut être légitime d'accéder à ses échanges.

La bande, seconde famille des ados

La « bande » définit le groupe des « amis ». La famille naturelle ne l'accepte pas toujours facilement et redoute son influence, présumée mauvaise.

COMMENT SE FORME-T-ELLE ?

À l'adolescence, les « amis » s'émancipent de leurs parents. Leur rencontre se fait en « live » au collège, au lycée et lors d'activités, mais aussi sur les réseaux sociaux. Les liens se nouent indépendamment des adultes, **les relations se codifient**, le groupe se structure et la « bande » s'organise autour des **valeurs** de fidélité, loyauté, protection mutuelle, sentiment d'appartenance et fraternité. Y naissent aussi des **sentiments et réactions complexes** quoique naturels : rivalité, supériorité, infériorité, déception et « embrouilles ». La famille naturelle est alors reléguée au second plan.

QUELLES SONT SES FONCTIONS ?

Les jeunes, qui revendiquent leur autonomie, se défont des « enveloppes » de l'enfance, devenant sans défense et vulnérables. La « bande » les soutient, les protège. Ils s'y réfugient lors de difficultés familiales, scolaires ou matérielles et y poursuivent un **processus d'identification** hors des modèles familiaux. Elle ne remplace pas la famille naturelle, toujours bien là, mais elle peut en tenir lieu le temps de la maturation de ses membres, de manière transitionnelle ou « prothétique ».

A-T-ELLE DES INCONVÉNIENTS ?

Oui, si elle prend le pas sur les études, si l'influence de tel leader est néfaste, si ses valeurs et ses objectifs sont trop radicaux. Les parents doivent alors rester vigilants et intervenir en secours si cela devient nécessaire.

La découverte de la sexualité « adulte »

Qu'il s'agisse de leur corps et de ses transformations, de la survenue des pulsions et des orientations identitaires, la sexualité est la grande affaire des adolescents.

LES MANIFESTATIONS

Le petit garçon joue depuis toujours avec son sexe, il en connaît les sensations et l'érection. Adolescent, ses éjaculations spontanées nocturnes le surprennent, de même que ses émois sexuels face à des créatures séduisantes ou lors d'un contact fortuit.

La petite fille connaît elle aussi son sexe et l'a exploré. Ses premiers poils pubiens et le gonflement de sa poitrine l'ont interpelée. Depuis lors, elle se palpe volontiers pour suivre l'évolution des choses. Elle découvre des sensations étonnantes et agréables.

COMMENT LES ADOLESCENTS
LE VIVENT-ILS ?

Les adolescents **expérimentent** et s'approprient la **nouveauté**, ils font de même avec la sexualité génitale. Fiers, pudiques et anxieux, ils découvrent des sensations nouvelles, identifient ce qui les provoque, partagent l'expérience avec leurs « amis » plutôt qu'avec leurs parents. Maîtriser pulsions sexuelles et plaisir, intégrer l'expérience à son identité puis à ses relations amènent à prendre conscience que la sexualité, « c'est donc ça ! » Cela peut être angoissant. Pour un garçon, se pose la question « sera-t-il capable ? », pour une fille, « sera-t-elle désirable ? », en somme : « Sont-ils bien normaux ? »

QUELLE PLACE POUR LES PARENTS ?

Les parents découvrent un « inconnu » sexué, adulte en devenir. Il leur faut réajuster représentation et certitudes le concernant, faire preuve de patience, de tendresse, de confiance et d'ouverture, tout en n'étant **jamais intrusifs** : il convient d'éviter les questions et les allusions relatives à sa transformation, et, si nécessaire, ne les aborder qu'en privé avec beaucoup de tact, de pudeur et de respect.

La première fois

Qui ne se souvient pas de « sa première fois »... !

LES ADOLESCENTS

Les filles : le pas se franchit lorsqu'elles l'ont décidé, lors d'un flirt poussé, d'une fête ou en vacances.
Les garçons : discussions et rêveries aiguisent leurs émois sexuels. Les flirts poussés atténuent les réticences des filles et facilitent le passage à l'acte.

EST-CE SI SIMPLE ?

Passage, mystère, épreuve redoutée, mais désirée, cet événement marque vraiment la fin de l'enfance. Au soulagement et à la fierté peuvent se mêler des émotions troubles : honte, culpabilité, doute ou inquiétude.

ET LES PARENTS ?

Ils pressentent l'événement, appréhendent les conséquences éventuelles et veulent protéger leur enfant. Il est bon de rappeler qu'il faut se protéger et/ou consulter un gynécologue si ce n'est déjà fait.

L'amour

L'amour est l'autre grande affaire des adolescents.

L'AMOUR POUR LES ADOLESCENTS

Ils prennent conscience de la **nature privée et intime du sentiment d'amour.** Ils deviennent ainsi plus réservés et pudiques. Ils découvrent, avec l'élu(e), des sentiments comme l'exclusivité, la possession, l'intimité et la plénitude, sans connotation sexuelle obligatoire. L'amour peut en effet rester platonique, en particulier chez les filles qui parleront néanmoins de « mon copain », voire de « mon couple » en tant que relation privilégiée.

UN ÉPROUVÉ NOUVEAU

Comme ailleurs, les adolescents « apprennent et expérimentent », mais, avec l'amour, ils « éprouvent ». Ils enchaînent les expériences amoureuses diverses qui les confortent dans leur connaissance. Ils apprennent le lien entre amour et sexualité sans nécessairement les confondre.

Je suis mieux seul(e) : l'amour, les amis, ça ne m'intéresse pas !

Certains adolescents fuient la compagnie des autres, refusent leurs activités et s'isolent. Est-ce préoccupant ?

LES SOLITAIRES SONT DIVERS

Certains jouent seuls depuis toujours et ne semblent pas s'ennuyer. Ils s'occupent, lisent, écoutent de la musique, vont au conservatoire et font du sport. Plutôt dociles, ils sont dits « faciles ». À l'adolescence, s'ils se replient derrière musique et écouteurs, ils apparaissent plus « évitants » et « renfermés » que « dociles » et « faciles ».

QUE SIGNIFIE CET ISOLEMENT ?

Certains adolescents disent se suffire à eux-mêmes et être pleinement satisfaits de leurs activités. D'autres trouvent plus simple, agréable et confortable d'utiliser Internet, les réseaux sociaux et les jeux en ligne. Mais, comme tous, ils connaissent une période de bouleversement affectif et émotionnel intense ; **leur réorganisation ultérieure** – sexuelle, affective et identitaire – **dépendra aussi de leurs relations sociales...**

EST-CE GRAVE ?

L'isolement **réprime l'émergence naturelle des désirs** et **du développement des compétences**. Souvent lié à la personnalité et/ou à l'environnement, il relève aussi du désordre psychique de l'adolescence. La vie sociale se développera plus tard, lors des études, de la formation professionnelle ou dans la vie active.

Les parents peuvent toutefois proposer à leur adolescent des activités et des séjours à thème impliquant d'autres jeunes.

Cependant, il faut parfois recourir à une aide plus spécifique, d'ordre psychologique, *a fortiori* en cas d'apparition de **signes inquiétants** : troubles du sommeil, du comportement alimentaire (voir règle 48 p. 86) ou dépression (voir règle 45 p. 80).

Je n'aime pas les filles, ni les garçons...

L'identité sexuelle se forge souvent laborieusement. Filles et garçons se sentent parfois attirés par des jeunes du même sexe : amitiés amoureuses, exclusives, passionnées et expériences homosexuelles. Pour autant, l'identité sexuelle des adolescents n'est pas encore fixée.

QUE DIT CELUI QUI « N'AIME PAS LES JEUNES DE L'AUTRE SEXE » ?

Cette « confidence » peut traduire sa **peur de la sexualité « adulte »**, d'une anomalie ou d'un défaut physique, de maladresse et d'incompétence, d'un échec et d'une souffrance.

Déclarer son indifférence à l'autre sexe peut aussi être « conjuratoire » afin d'éprouver enfin une émotion hétérosexuelle. Elle peut également témoigner d'une **différence ancienne**, apparue au cours de l'enfance et difficile à identifier, puis clairement révélée à l'adolescence : le garçon dit s'entendre avec ses amies filles mais n'éprouver aucune émotion sexuelle à leur contact ; de son côté, l'adolescente émue par un visage, une allure et un sourire féminins se convaincra facilement de sa propre homosexualité.

COMMENT L'ORIENTATION SEXUELLE ÉVOLUE-T-ELLE DURANT L'ADOLESCENCE ?

Il n'existe aucune règle : l'adolescence est **l'âge de toutes les options identitaires**, des découvertes et des expériences, mais aussi des angoisses narcissiques et de la mise en question des certitudes. Pour nombre d'adolescents, la sexualité s'impose, tyrannise, active la curiosité, engendre des explorations et des mises en danger : **il faut tout « essayer »**. Internet est un facilitateur et les « amis » entrent en résonnance.

La crise s'estompant et le chaos psychologique se réorganisant, le jeune adulte, fille ou garçon, sait alors mieux qui il est et qui aimer.

Je m'embrouille avec mes « amis »

Les amis sont l'objet d'une absolue confiance, aucune critique n'est autorisée, il y a un « pacte » préalable dans un monde idéal. Lorsque des fâcheries éclatent, ce sont de véritables « embrouilles ».

MA FILLE DE 14 ANS PLEURE...

Sa meilleure amie répand sur les réseaux sociaux de méchantes informations à son sujet, d'autres « amis » s'empressent de les diffuser et tout revient en boucle sur le smartphone de ma fille, tétanisée. Il s'agit d'un garçon de la bande, très convoité.

POURQUOI S' « EMBROUILLE »-T-ON ?

En général, parce qu'on s'est senti trahi : malentendu ou erreur de jugement, la « trahison » est **une offense** et **un traumatisme** qui appelle la révolte, d'autant qu'elle touche une part intime et qu'elle est commise par ceux en qui l'adolescent a le plus confiance.

Il m'a trompée

Les premières amours accaparent l'imaginaire et l'univers déstructuré des adolescents : ce qui est parfait devrait durer toujours mais s'avère en réalité éphémère.

MON COPAIN M'A TROMPÉE

« On est "en couple" depuis trois mois, on vient juste de le dire à nos parents. On a les mêmes goûts, la même histoire, les mêmes projets. Je voulais attendre un peu pour aller plus loin, je crois à la virginité. Là, c'est avec la bimbo de seconde que ça s'est passé, ma copine me l'a dit, puis il a avoué. J'ai mal, c'est un cauchemar. »

APRÈS LA PLUIE… LE BEAU TEMPS !

Les filles rêvent de cette relation à deux. Mais il peut exister un **décalage entre maturité affective et sexuelle**. La déception née de la tromperie leur apprend beaucoup sur les relations amoureuses et elles-mêmes. Il leur faut **se confier**, que ce soit à leur mère, une grande sœur ou une personne proche et de confiance. Le soutien reçu effacera les larmes.

Je m'ennuie !

« Le collège, ça m'ennuie », « j'y vais pour les copains et pour les parents, mais les cours, ça me gonfle ! » L'ennui en classe est assez répandu chez les ados.

QUE SIGNIFIE L'ENNUI POUR L'ÉLÈVE ?

Rien ne lui « parle » :

• cours incompréhensibles, loin de lui ou trop difficiles,

• professeur « ailleurs », loin des élèves,

• désordre et violence en classe.

Du coup, il rêve, joue avec son portable, regarde par la fenêtre, dessine, se cache derrière un copain pour ne pas être dérangé et attend la sonnerie.

COMMENT LE MOTIVER ?

L'ennui, qui alerte sur le fonctionnement scolaire et la situation sociale et psychologique de l'élève, est souvent lié à la « crise » qu'il traverse. Il faut être patient et chercher avec lui **des activités extra-scolaires** qui le motivent et le rendent heureux.

J'ai été orienté en 3ᵉ

L'orientation ne respecte pas toujours l'intention des élèves, elle dépend du niveau scolaire et des professeurs. Le redoublement est rarissime. Mais les adolescents sont vulnérables, instables ; leurs projets, flous et irréalistes ; leurs désirs, non fixés.

ALORS, LES ÉLÈVES ORIENTÉS ?

Ils le sont « dans leur intérêt ». Mais toutes les filières n'ont pas le prestige des générales, et certaines sont **un second choix,** comme les techno et les pro. Les adolescents le savent : si certains les ont choisies par goût, ce n'est pas le cas de tous. Ils le vivent mal et se sentent dévalorisés, démotivés, ils décrochent et dépriment.

RÉAGIR FACE AUX CHOIX D'ORIENTATION

Il faut **valoriser ces filières** et les rendre désirables afin que les élèves en fassent un premier choix, ce qui dépend d'une volonté politique. Les parents doivent rester attentifs et vigilants du début à la fin de la scolarité de leur enfant et lui donner tous les éléments nécessaires pour prendre sa décision.

Mes parents
me saoulent !

C'est ce que disent les adolescents à leurs parents. Cela signifie : « vous vous occupez trop de mes affaires », « ça suffit », « laissez-moi tranquille. » Faut-il obtempérer, *a fortiori* s'il s'agit des études ?

QUE REPROCHENT-ILS EXACTEMENT À LEURS PARENTS ?

Il s'agit surtout d'**intrusion** et d'**envahissement** : ils leurs reprochent de ne pas respecter ce qui les concerne et leur appartient – « vie privée », activités et désirs –, d'exercer une pression abusive avec exigences excessives et menaçantes, de les maintenir dans une dépendance infantilisante, de faire obstacle à leur émancipation, ne pas faire leur confiance et d'être complètement « décalés ».

DU CÔTÉ DES PARENTS ?

Ils cherchent à « faire pour le mieux », mener les enfants le plus loin possible, les préserver des

« mauvaises tendances » et « mauvaises influences »,
les faire profiter de leur expérience, les protéger,
les guider et les conduire.

PEUT-ON ANALYSER LE MALENTENDU ?

Derrière les intentions exprimées, il y a d'autres
mobiles : pour les adolescents et leurs études,
l'inquiétude – ne pas être au point, ne pas avoir
révisé, ni compris, ni effectué le travail –, **la crainte**
du contrôle, du bulletin scolaire, de la réaction des
parents... Le « vous me saoulez » pris au premier
degré doit éviter toute confrontation ultérieure.
Là où les parents ne voient que la fragilité, les
insuffisances et le risque d'échec à contrer à tout
prix, les adolescents ne perçoivent que **l'abus de
pouvoir** qui les maintient dans **un état d'infantilité**.

COMMENT S'Y PRENDRE ?

Il faut reconnaître les aspirations des adolescents,
respecter leur désir d'émancipation et le leur exprimer. Pour autant, il ne faut pas les « abandonner »
à leurs émotions et leur imaginaire, mais **négocier un
programme** avec eux lors d'un tête-à-tête au calme.

Je n'y arriverai jamais !

Les adolescents éprouvent souvent dans leurs études un sentiment d'incapacité.

COMMENT L'EXPRIMENT-ILS ?

En cas de mauvais résultats ou d'échec, avant un examen important ou une décision d'orientation, et lorsqu'ils sont confrontés à la réalité. Il y a beaucoup de souffrance dans cet **aveu d'impuissance** qui minore leur estime de soi, blesse leur amour-propre, les place à l'écart et menace leur avenir.

COMMENT LES AIDER ?

Il est nécessaire de :
• **s'assurer** de la réalité de l'obstacle – isolé ou inscrit dans un ensemble de difficultés psychologiques et familiales ;
• **rassurer** les adolescents sur leurs compétences,
• **échanger** avec les professeurs ;
• **demander un avis spécialisé** au besoin.

Personne ne m'aime !

Encore un éprouvé douloureux dans le contexte scolaire. Les difficultés sont plus complexes et d'un autre ordre que les précédentes.

QUE DIT L'ADOLESCENT ?

Il évoque des contextes différents : copains de classe qui se moquent de lui, le rejettent, le harcèlent et en font un bouc émissaire ; professeurs qui l'ignorent ou l'humilient ; incapacité à se faire un ami, ce qui l'amène peu à peu à **s'isoler** et **se placer à l'écart**...

QUE SIGNIFIE CE CRI DU CŒUR ?

C'est une alerte lancée lorsque des attitudes négatives et violentes à son encontre se sont accumulées. Adolescent « écorché vif », il n'a pas été en mesure de se défendre « normalement » ; sa fragilité narcissique s'est aggravée. Son comportement dépressif d'isolement et de retrait, sa démotivation et ses cauchemars sont les signes préoccupants d'**une grande souffrance** qui requiert avis et soutien psychologiques.

Les profs n'en ont rien à faire de moi !

« Pourquoi devrais-je travailler ? Les profs n'en ont rien à faire de moi ! » Excuse ou réalité ?

TRAVAILLER POUR QUI ?

En principe, l'élève ne travaille pas pour son professeur, mais pour lui-même.

• Peut-il travailler sans professeur ? Non, car celui-ci délivre les connaissances qui lui sont nécessaires.

• En plus de partager son savoir, le professeur doit-il s'intéresser à ses élèves ? Oui, une bonne dose de **pédagogie** et de **psychologie** sont nécessaires pour qu'ils s'approprient **savoir** et **méthode**.

• Enfin, le professeur se doit de considérer **également** tous ses élèves.

QUE FAIRE ?

L'interrogation de l'adolescent doit être prise au sérieux. Il est temps de rencontrer ses professeurs avec lui.

Je ne veux plus aller au lycée

Les adolescents confrontent parfois leurs parents à cette décision, qu'il faut prendre au sérieux.

QUELLES EN SONT LES CIRCONSTANCES ?

- décrochage en section générale,
- déception et décrochage en filière pro ou techno,
- désir de vie active par goût ou nécessité économique ou privée,
- crainte de l'échec au bac,
- démotivation lors de dysfonctionnements familiaux, de désordres psychologiques ou psychiatriques, comme la « phobie scolaire ».

COMMENT RÉAGIR ?

Il faut accueillir cette nouvelle avec sérieux et prudence. Parler et faire le point sont nécessaires :

- pour **comprendre le motif ;**
- pour **diriger son action** vers professeurs, conseiller d'orientation ou intervention psychologique.

Le collège,
c'est formidable !

Pour beaucoup d'adolescents, le collège et le lycée, c'est bien : il s'agit d'un lieu à soi, d'apprentissage, de découverte, de rencontres et d'expériences multiples où l'on « s'apprend », grandit à l'écart de sa famille et est mis à l'épreuve. Un espace protégé et ritualisé, rapidement familier, que certains quitteront à regret. Comment préserver ce statut attachant ?

QU'EN PENSENT LES JEUNES ?

Enfants en 6ᵉ mais déjà grands, ils **s'émancipent** au cours des années de collège, voyagent et circulent seuls, organisent leur temps scolaire et extrascolaire, multiplient les activités sportives, culturelles et sociales, développent autonomie, enrichissement et passions. Pour la plupart des filles, les deux ou trois premières années sont celles de leur puberté. À la fin du collège et pour tous, la sexualité tenaille, on tombe amoureux. Au lycée, c'est devenu sérieux, on est encore adolescent, pas encore adulte ,mais plus du tout enfant. Le bac, point d'orgue et point final, angoisse et marque une fin plutôt qu'un début.

QUE FAIRE DE CES SEPT ANNÉES ?

Trouver sa place, à condition d'être accueilli, écouté, rassuré, encouragé, considéré et reconnu. Aborder avec curiosité et gourmandise les perspectives ouvertes par les cours dispensés, y découvrir ce qui plaît et ce qu'on veut s'approprier, choisir son métier et être orienté en fin de 3e selon son désir. On apprend à **surmonter ses difficultés et ses faiblesses,** mais l'on peut aussi se tromper et faire confiance à l'institution pour corriger l'erreur.

ÊTRE HEUREUX AU COLLÈGE ET AU LYCÉE, UNE UTOPIE ?

Il appartient aux établissements et aux parents que ce soit possible, les mots-clés demeurant, ici comme ailleurs, amour, reconnaissance, respect, dignité, sécurité et confiance.

RÈGLE 42

L'adolescence, un fleuve tranquille ?

L'intérêt récent pour le temps de l'adolescence est dû à une meilleure connaissance de la vie humaine. Les sociétés primitives marquent ce passage par des rites initiatiques, sans en considérer pour autant le processus qui implique vigilance et attention soutenues de la part des parents et des adultes en général.

LE TEMPS DE TOUS LES DANGERS

Vers 10/13 ans, les enfants perdent leurs « enveloppes » infantiles et en émergent désarmés et vulnérabilisés. C'est l'« âge ingrat », **une « mue » qui va durer plusieurs années** et concerner visage et corps, système reproductif et sexualité – avec la puberté –, organisation psychologique, émotionnelle et affective, intégration sociale et identité. Le développement et l'harmonisation de ces domaines les uns par rapport aux autres auront un cours chaotique, parfois violent.

LES DANGERS PROPRES
À L'ADOLESCENCE

Ce processus impose au jeune de sortir de lui-même, découvrir, s'affranchir et s'autonomiser. Alors, par curiosité, pour se mettre à l'épreuve, braver les interdits et s'affirmer, il essaiera peut-être l'alcool, les drogues, la vitesse, les jeux dangereux, Internet et ses tentations, transgressera au besoin les lois, défiera la mort et embrassera des idéologies douteuses, sans pouvoir toujours faire face. Ses parents et ses proches auront alors un rôle vital à jouer, celui de **« recours secourable »**.

Alcool, on essaie ?

Il y a les fêtes – « soirées », « teufs », « résois » –, puis des « coups » et les mélanges, auxquels on s'habitue. Un jour, on rentre tard à la maison en titubant, un autre, on réveille son père la nuit, c'est un accident de voiture.

AU DÉBUT…

Désormais vers 12/13 ans, de tout-jeunes adolescents se retrouvent chez les uns et les autres. Ivresse de liberté, on pousse à fond la sono, on ouvre des cannettes de bière avec le Coca-Cola®, permission de 23 heures, selfies sur le net. Les parents de leur hôte sont là – ou pas. Le pli est pris, les fêtes se multiplient, les « anniversaires » sont sur Facebook. Vodka, JD, rhum, gin, on mélange et on pratique **le *binge drinking***, l'ivresse-minute.

Les parents, naïfs et/ou confiants, banalisent – « tout le monde le fait », disent leurs enfants –, mais ils ignorent la nature et la quantité des alcools absorbés.

Un soir, les urgences de l'hôpital appellent : il est dans un **coma éthylique**, il a 15 ans, c'est la première fois, il en sortira. Mais **attention,** la mort survient en général après deux ou trois comas éthyliques.

PLUS TARD…

Tous ne développeront pas de dépendance à l'alcool. Ici, la consommation est « seulement » excessive, dangereuse pour la conduite, les relations et les organismes, qui ne sont pas finis. On y associera parfois le cannabis (voir règle 44 p. 78). Mais certains vont devenir dépendants. L'**addiction** une fois installée s'aggravera avec ses effets potentiellement catastrophiques.

ET LES PARENTS ?

Beaucoup n'ont pas conscience de la dérive de leurs adolescents ni du danger. L'information et la prévention paraissent indispensables pour les aider à préserver leur enfant de cette **mode toxique, addictive, dangereuse et mortifère**, de plus en plus précoce.

Cannabis, une drogue pas si douce

Le cannabis est en tête des consommations illicites au sein de la population. Plus de 50 % des jeunes de 17 ans fument couramment, ils en consomment depuis leurs 13/14 ans et banalisent le phénomène. Mode ou besoin ?

LES DANGERS DU CANNABIS À L'ADOLESCENCE

Le cannabis, loin d'être une « drogue douce », présente **des risques majeurs pour la santé** : troubles psychiatriques, cancers et maladies cardiovasculaires. Les résultats scolaires sont fortement impactés, avec des décrochages spectaculaires, tandis que le cerveau, qui n'est pas mature avant 25 ans, souffre définitivement. Le cannabis **augmente les comportements à risque** dans tous les domaines : conduite, rapports non protégés, grossesses précoces et violence. L'associer au tabac favorise la dépendance addictive ultérieure.

PEUT-ON LUTTER CONTRE LA PRISE DE CANNABIS PAR LES ADOLESCENTS ?

On s'en procure comme on veut, que ce soit au collège ou dans la rue, et on deale, au besoin. Difficile donc de lutter, les adolescents aiment trop la prise de risque, les transgressions, s'opposer à l'autorité, les défis et les modes, celle-ci les touchant de plus en plus tôt.

QUE PEUVENT FAIRE LES PARENTS ?

Prendre conscience du phénomène et s'inquiéter de certains comportements :
• évitement, retrait, secret…,
• disparition d'argent, de vêtements ou d'objets, vendus pour acheter du cannabis,
• odeurs particulières et attitudes inhabituelles.
Dès lors, il ne faut pas hésiter à **aborder le problème** avec son adolescent au bon moment, sans dramatiser, en faisant appel à son émotion plutôt qu'à sa raison, par exemple en lui expliquant le mal qu'il pourrait causer à des amis très chers lorsqu'il est sous cannabis. Enfin, il peut être nécessaire de **chercher du côté affectif** ce qui pourrait être lié à cette prise régulière et **consulter un spécialiste**.

Les adolescents dépriment aussi

Comment reconnaître la dépression, que signifie-t-elle et comment l'aborder ?

DÉPRESSION ET SUICIDE

La dépression n'est pas toujours évidente chez les adolescents. Tristesse et isolement sont perceptibles, mais irritabilité, agressivité et colère donnent le change. Il faut s'inquiéter devant **une rupture du comportement habituel** : fugue, décrochage scolaire, démotivation, résignation, crises de larmes, perte du sommeil...

Sentiment d'incapacité, d'échec, perte d'estime de soi et scarifications sont des signes de forte dépression avec risque suicidaire élevé.

« TO BE OR NOT TO BE », ÊTRE OU NE PAS ÊTRE

Leur dépression identitaire et narcissique résulte d'**un paradoxe** : « Puis-je être moi-même sans renier mes parents ? », « Je n'appartiens pas à mes parents, mais ils m'appartiennent », « Les renier, c'est aussi me renier. » Un renoncement naît du dilemme « être ou ne pas être » ; la dépression se développe lorsque l'on renonce à son objectif d' « être », qui est **au-dessus de ses forces**. La tentative de suicide peut en être l'issue violente, comme un aveu d'impuissance et d'incapacité, une fuite ou un appel. Le suicide est la seconde cause de mortalité chez les 15/24 ans : une fille sur cinq a fait une tentative de suicide dans cette tranche d'âge.

COMMENT RÉAGIR ?

Le fléchissement dépressif de son adolescent impose avant tout de lui parler et d'insister pour l'amener à consulter. Cela ne sera pas facile, car il sera réticent. Il faudra demander l'aide de **son médecin** ou d'**une personne de confiance**, voire l'envoyer vers **une structure d'accueil pour adolescents** – il en existe désormais dans les centres médico-psychologiques (CMP) et à l'hôpital. Le jeune sera pris en charge et ses parents seront soutenus et accompagnés.

Un jour,
j'ai fugué

Partir « ailleurs », quitter famille et maison quand on est un jeune adolescent témoigne d'une immense détresse.

POURQUOI FUGUER ?

Pour « se sauver » d'un danger extérieur à soi ou pour « disparaître » quand un conflit interne et dévastateur le commande.

• Si le chaos provient d'un environnement familial dangereux, que l'adolescent est frappé, menacé, humilié, négligé, abusé, que ses parents se déchirent et ne sont plus en mesure de faire face à leurs responsabilités, il fugue pour **survivre**.

• Si le chaos est à l'intérieur de lui, qu'il est pris par la souffrance et la haine – de soi, des parents, du monde –, par son impuissance et un désir de vengeance, il fugue pour **disparaître et s'effacer du monde ; c'est une forme de désir de mort.**

COMMENT RÉAGIR ?

Une fugue est toujours **un symptôme** et **une alerte** à prendre très au sérieux par un suivi psychosocial rapproché de l'adolescent et de sa famille.

Mon adolescent vandalise son corps !

Les adolescents peuvent traiter durement leur corps, parfois dans un but esthétique avec des tatouages et des piercings, pour soulager une tension psychique trop forte, par exemple avec les scarifications, ou dans un but d'autodestruction, comme avec les phlébotomies, c'est-à-dire la coupure des veines.

POURQUOI LE CORPS EST-IL LE LIEU DE CES CHOIX ?

Le corps des adolescents est **la scène de tous leurs conflits** : il est trouvé embarrassant, laid, sexué, indécent, imparfait, encombrant ; il est parfois détesté. Mais c'est aussi leur «propriété exclusive», eux seuls en ont le droit d'usage, que ce soit pour le parer, le détruire, l'exhiber, le cacher, le soumettre, l'éprouver ou en faire le messager et le média de leurs émotions et désirs.

[84]

QUE SIGNIFIENT CES PRATIQUES
DE LA PART DES ADOLESCENTS ?

Tatouages et piercings sont **des choix identitaires** conformes à des codes et des modes ; les scarifications prouvent que l'on est **capable de subir une souffrance intense ;** mais les phlébotomies, à valeur autodestructrice, sont **de véritables appels.**

QU'APPRENNENT AUX PARENTS
CES ATTEINTES AU CORPS ?

Tatouages et piercings leur disent : « Je ne vous appartiens plus, mon corps est à moi, je fais ce que je veux de lui, vous n'avez pas de droit sur moi. » Les scarifications et les coupures ont un autre sens : moins exposées, elles témoignent plus d'**impuissance** et de **détresse** que d'indépendance. À ce titre, elles alertent sur **une escalade dépressive, voire suicidaire,** et sont elles aussi des appels. Il faut alors consulter sans attendre et entreprendre un suivi psychothérapeutique et social pour l'adolescent ainsi que ses parents.

Ma fille est-elle anorexique ?

Ma fille refuse de s'alimenter normalement depuis plusieurs mois.

L'ATTITUDE DE MA FILLE FACE À SON POIDS EST INQUIÉTANTE

« Ma fille de 14 ans est la première de sa classe, elle fait de la danse classique et du piano. Depuis quatre mois, elle se pèse plusieurs fois par jour et se met difficilement à table. Elle ne mange plus rien, si ce n'est une pomme et un peu de salade. Elle se voit trop grosse, la nourriture la dégoûte, elle a décidé de courir tous les jours. On est inquiets, le médecin pense que c'est de l'**anorexie mentale**. »

QU'EST-CE QUE L'ANOREXIE MENTALE ?

C'est un trouble du comportement alimentaire qui consiste à se priver de nourriture, non par manque d'appétit mais par **peur, terreur ou phobie de prendre du poids.** La lutte contre l'alimentation est permanente. Si l'on craque, on se fait vomir, on prend des laxatifs et on fait plus de sport. Ce trouble concerne surtout les adolescentes de 13 à 18 ans et a **des conséquences médicales graves** : endoctriniennes, cardiaques et neurologiques. Il peut aussi conduire à la mort dans un contexte de forte dépression, par complication médicale ou suicide.

QUELLE CONDUITE ADOPTER ?

L'adolescente n'est pas accessible, elle dénie son trouble et se met en danger. Ses parents doivent **consulter une équipe spécialisée** pour mettre en place un suivi intensif incluant sa famille. Une hospitalisation peut être nécessaire. La prise en charge est longue, la guérison intervenant au bout de quatre ou cinq ans dans deux tiers des cas.

PEUT-ON PRÉVENIR CE TROUBLE ?

Non, mais certaines personnalités semblent plus à risque : faible estime de soi, psychorigidité, désir de conformité, perfectionnisme, évitement social...

Mauvaises rencontres et délinquance

Au collège, l'autonomie nouvelle des adolescents peut prendre un cours « déviant ». Il arrive qu'ils tombent dans un réseau de jeunes peu recommandables et qu'ils expérimentent la délinquance. Il s'agit surtout de racket et de trafics divers ; les parents sont forcément alertés s'ils se trouvent concernés par des mouvements anormaux d'argent.

LES ADOLESCENTS SONT-ILS DES DÉLINQUANTS EN PUISSANCE ?

Non... Peut-être ! Non, car il n'y a pas de marqueur de délinquance chez les enfants qui arrivent au collège. Peut-être, car la délinquance est affaire d'environnement et de situation autant que de dispositions individuelles.

QUELS SONT ALORS LEURS MOTIFS ?

Cela concerne **des gratifications psychologiques** plus encore que matérielles. Ces dernières, en nature ou en espèces, obtenues *via* recel ou deal, concernent cigarettes, alcool, cannabis, smart-phones et objets divers revendables. Quant aux gratifications psychologiques, il s'agit d'abord d'être approché et choisi par un chef ou ses lieutenants pour faire partie d'une « bande » identitaire et pro-tectrice, utile lorsque l'on débute dans le monde et que les parents sont loin. C'est aussi trans-gresser et gagner en toute puissance imaginaire. Mais, enfin, c'est également **se soumettre à la loi du plus fort** et **s'aliéner** si l'on n'a acquis ni rete-nue, ni discernement, ni sens critique.

QUELLE CONDUITE TENIR ?

Lorsque les parents découvrent l'affaire, un tête-à-tête avec leur enfant s'impose. Il leur faudra ensuite rencontrer **le chef d'établissement** ainsi que **les représentants des parents d'élèves**. Une sanc-tion sera nécessairement prise. La nature et la gravité des préjudices impliqueront, ou pas, l'orientation vers la police et la justice des mineurs.

Mauvaises rencontres sur la toile

D'autres dangers menacent les adolescents : ceux qui se présentent sur Internet et les réseaux sociaux. Harcèlement, prédation sexuelle ou idéologique, les adolescents sont des proies désignées, tant pour leur disponibilité addictive au smartphone que pour leur situation psychologique et affective.

QUELS SONT CES DANGERS ?

• **Le harcèlement** est le fait d'« amis », réels ou virtuels, qui poursuivent le jeune sur les réseaux sociaux, déversant en permanence humiliations, fausses informations, textes et images à caractère sexuel. Plusieurs adolescents victimes ont été hospitalisés, certains même se sont suicidés. Les recours sont difficiles à mettre en œuvre.

• **Les « prédateurs sexuels »** interviennent sur les réseaux sociaux, nouant des liens avec l'adolescent repéré. L'utilisation de webcams permet de mettre en scène des jeux pornographiques et libertins.

• **Les prédicateurs idéologiques** diffusent leur pensée et « recrutent » sur le web.

QUELS SONT LES MOTIFS DES ADOLESCENTS ?

Curiosité, interdit, transgression, jeu et fausse sécurité de la virtualité sont des facilitateurs : la sexualité paraît moins compromettante, et le cadre virtuel de la relation convient aux jeunes, à l'aise entre imaginaire et réalité. L'adolescent peut également se sentir « gratifié » par l'intérêt qui lui est manifesté. C'est le cas pour la pornographie mais aussi les prédicateurs idéologiques.

QUE PEUVENT FAIRE LES PARENTS ?

Les relations entre prédateurs et victimes se termineront au tribunal si la police repère l'agresseur et/ou si la famille porte plainte. Elles posent le problème des dérives et de la dangerosité d'Internet. Elles renvoient aussi à la vulnérabilité des adolescents, qui doit être considérée à sa juste mesure par les parents dans **un but de prévention** comme de **protection**.

Imprimé en Italie par L.E.G.O. S.p.A., Vicenza
Dépôt légal : mars 2018
319909/01 - 1105765 - février 2018